GUÍA DE LECTURA

Escrita por Natacha Cerf
Traducida por Laura Bernal Martín

Carmen

de Prosper Mérimée

PROSPER MÉRIMÉE

ESCRITOR Y ARQUEÓLOGO FRANCÉS

- **Nacido en 1803 en París (Francia)**
- **Fallecido en 1870 en Cannes (Francia)**
- **Algunas de sus obras:**
  - *Mateo Falcone* (1829), novela corta
  - *La Venus de Ille* (1837), novela corta
  - *Carmen* (1845), novela corta

Prosper Mérimée (París, 1803) entra en contacto con el mundo del arte siendo muy joven, y poco a poco forja el deseo de convertirse en escritor. Se introduce en el mundo literario parisino, donde se codea con Victor Hugo (1802-1885), Musset (1810-1857) y Stendhal (1783-1842). Publica varias novelas cortas: *Tamango* (1829), *Mateo Falcone* (1829), *La Venus de Ille* (1837) y *Carmen* (1845). Se interesa por la política, es nombrado senador y se convierte en amigo íntimo de Napoleón III. Como inspector general de monumentos históricos, participa en la restauración del patrimonio francés. En 1844 es nombrado miembro de la Academia francesa. Aficionado a los viajes, Mérimée recorre Europa, siendo una estancia en Córcega la que le servirá de inspiración para escribir su obra más conocida: *Colomba* (1840). Maltrecho por la falta de salud (padece de asma) y por los acontecimientos (la derrota militar francesa y la caída del Segundo Imperio francés), se retira a Cannes, donde fallece en 1870.

CARMEN

UNA OBRA MAESTRA TRÁGICA

- **Género**: novela corta
- **Edición de referencia**: Mérimée, Prosper. 1989. *Carmen*. Traducido por Luis López Jiménez y Luis-Eduardo López Esteve. Madrid: Ediciones Cátedra
- **Primera edición**: 1845
- **Temáticas**: pasión, destrucción, muerte, robo, asesinato

Carmen apareció por primera vez en 1845 en la revista francesa *La Revue des deux mondes*, para posteriormente ser publicada en volumen en 1847. La obra ha sido adaptada en innumerables ocasiones al teatro, al cine y a la ópera.

Cuenta la historia de don José, brigadista del cuerpo armado de los Dragones de Sevilla, que se enamora perdidamente de una gitana, hoy convertida en mito: Carmen. Ella lo arrastra hacia el delito, convirtiéndolo no sólo en un bandolero, sino también en un asesino.

La pasión fatal, la destrucción y la muerte son los temas en torno a los cuales gira esta trágica historia, en la que la complejidad narrativa y la erudición, unidos al estilo frío y distante del autor, han contribuido a que esta magistral obra pase a los anales de la historia de la literatura.

RESUMEN

CAPÍTULO I

En viajero-narrador llega a Andalucía a principios del otoño de 1830 para dedicarse a investigar sobre la batalla de Munda (año 45 a. C.), que culminó con la victoria de César sobre los pompeyanos. El narrador quiere contar un relato breve que nada tiene que ver con el tema de su estudio.

Durante su viaje a Córdoba, se encuentra cerca de un manantial a un hombre armado, hambriento y misterioso, sin rastro de acento andaluz. Antonio, el guía del narrador, parece incómodo ante la presencia de ese extranjero que ha decidido continuar su camino junto a ellos. El narrador cae poco a poco en la cuenta de que se trata del famoso bandolero José Navarro, pero respeta su secreto. Los tres llegan a una miserable venta, donde la anciana anfitriona confirma la identidad del hombre al exclamar: «¡Ah! Señor don José!».

Antonio huye durante la noche, pero el narrador no va tras él. Sabe que el guía está dispuesto a denunciar a don José ante los lanceros, y por ello advierte al bandolero de las intenciones de Antonio. En cuanto don José se entera, este desaparece. El narrador se pregunta entonces si ha hecho bien: ¿ha sido correcto seguir su instinto y ayudar a José Navarro?

CAPÍTULO II

El narrador se queda unos días en Córdoba para estudiar un manuscrito en la biblioteca de los Dominicos. Una noche, paseando a orillas del Guadalquivir, conoce a una hermosa gitana llamada Carmen, con la que habla largo y tendido. La mujer le lleva con los gitanos, donde le lee las cartas hasta que don José les interrumpe. Carmen quiere matar al narrador, pero José Navarro se opone y le acompaña a la venta en la que se aloja.

El narrador continua su periplo por Andalucía durante unos meses, pasa por Madrid y vuelve por tres o cuatro días a Córdoba, a pesar de que le «había tomado ojeriza» (Mérimée 1989, cap. II) a la ciudad. Uno de los padres de la biblioteca se alegra de verlo, pues todos le daban por muerto. Le anuncia que José Navarro se encuentra preso y condenado a muerte por sus robos y crímenes. El narrador va a la cárcel a visitarlo, y don José le pide que vaya a Pamplona, su ciudad, a anunciarle a todo el mundo su muerte.

El viajero-narrador afirma a continuación que don José le enseñó «las tristes aventuras que se van a leer» (Mérimée 1989, cap. II).

CAPÍTULO III

A partir de ahora, don José toma las riendas de la narración de la historia.

Don José era brigadista en el Regimiento de Dragones cuando le colocan en el puesto de guardia en una fábrica de tabaco de Sevilla, en la que trabajan unas cuatrocientas cincuenta mujeres. Ahí conoce a Carmen, que cogiendo la flor de casia que sostenía en la boca, se la lanza justo entre los dos ojos, como una «bala» (Mérimée 1989, cap. III) que él recoge y se guarda en la guerrera.

Más tarde, don José lleva a Carmen a la cárcel por atacar a otra trabajadora. Carmen le intenta seducir con mentiras: le dice que atacó a la mujer porque había insultado a Navarra, de donde ella decía proceder, al igual que don José. Él la cree en el acto y permite que la gitana se escape, por lo que le bajan de rango y acaba en la cárcel.

Carmen le ha hechizado, y ya no es capaz de alejarla de su mente. Un día, haciéndose pasar por prima de don José, la gitana le lleva a la cárcel un pan en el que ha introducido una lima inglesa y una moneda de oro para que se fugue. Sin embargo, don José decide no hacerlo y preservar así su honor. A su salida de la cárcel, le colocan de guardia como a un simple soldado a la puerta del coronel, donde se vuelve a encontrar a Carmen.

Se van juntos y Carmen lo conduce a su casa. Le dice que es su *rom* (marido) y que ella es su *romí* (esposa), que le quiere, pero que «perro y lobo no hacen buenas migas a la larga» (Mérimée 1989, cap. III). Le suplica que la olvide y desaparece durante algunas semanas.

Cierto día, cuando está haciendo guardia en una de las puertas de la ciudad, ella regresa y le pide que deje pasar a unos gitanos. Él dice que no, pero después se retracta y le dice que solo acepta si puede cenar con ella en casa de Dorotea. Al día siguiente, ella le reprocha el chantaje y le dice que ya no le quiere. Discuten, y don José se refugia en una iglesia para llorar. Ella se acerca y le confiesa que le tiene cariño, para después volver a esfumarse.

Una tarde, en casa de Dorotea, Carmen llega con un teniente del regimiento de don José. Le piden que se marche, pero don José mata al oficial y escapa con Carmen. Se convierte en contrabandista: le gusta su nueva vida, gana mucho dinero y es el amante secreto de Carmen. Sin embargo, un día se entera de que ella se ha casado con García el Tuerto y siente un gran rencor.

Carmen viaja a Gibraltar por una cuestión de negocios y don José la sigue, haciéndose pasar por vendedor de naranjas. Se la encuentra en una magnífica morada en brazos de un adinerado inglés, y se siente traicionado y extremadamente celoso. Más tarde, asesina al marido de Carmen y la ayuda a desplumar al inglés. Don José aguanta cada vez menos las infidelidades de su amada. No obstante, Carmen, los contrabandistas y don José continúan con sus fraudulentas operaciones.

Durante unas corridas de toros en Granada, la gitana conoce a Lucas, un picador del que no cesa de hablar. Más tarde, llega a oídos de don José que se ha visto a Carmen acompañada del joven. Poco después, don José y ella se encuentran con el francés erudito, el narrador de los dos primeros capítulos.

Un día, Carmen va a una corrida de toros con Lucas, que resulta corneado por una de las bestias. Don José les ve y quiere que Carmen sea solo suya a cualquier precio, por lo que le propone irse a vivir a América juntos. Ella rehúsa y le dice que ya no le quiere, que le abandona, y que sabe desde el principio que acabará matándola. Después de haberlo intentado todo para recuperarla, la asesina con dos navajazos y la entierra en un bosque, tal y como ella deseaba. Cuando vuelve a Córdoba, se entrega.

CAPÍTULO IV

El capítulo describe y analiza la comunidad gitana que vive en España desde el punto de vista de un narrador totalmente neutro: habla de su vida nómada, de sus actividades de contrabando, de sus oficios, de su historia, de su lengua, de su carácter, de su fisionomía, de sus tradiciones, etc.

ESTUDIO DE LOS PERSONAJES

CARMEN

El personaje epónimo de Carmen encarna a una mujer joven y hermosa, de cabello largo y negro con reflejos azulados, la piel cobriza, los dientes blancos y unos labios perfectamente delineados. Es «una belleza extraña y salvaje» (Mérimée 1989, cap. II).

Simboliza la fascinación por el mal. En latín, *carmen* significa «canto» pero también «hechizo», en el sentido de conjuro y encantamiento. Y efectivamente Carmen no solo canta, sino que es, sobre todo, fascinante y seductora. En los capítulos II y III, aparece descrita por los dos narradores (primero por el narrador erudito, después por don José), a los que ha cautivado y seducido. Es una moderna Eva pecadora y tentadora.

En esta novela corta, Carmen representa el mito de la gitana, tal y como hace Esmeralda en *Nuestra Señora de París* (1832) de Victor Hugo (1802-1885). Simboliza la seducción y el exotismo. Encarna, además, lo desconocido:

- lee el futuro en las líneas de la mano;
- cree en el destino;
- cura las heridas;
- su origen es impreciso (¿es judía, egipcia o andaluza?).

Ella afirma ser simplemente gitana (Mérimée 1989, cap. II). Sometida a su tribu, representa no obstante la libertad, un valor supremo propio de los nómadas: «Para la gente de su raza, la libertad lo es todo, y prendería fuego a una ciudad para ahorrarse un día de prisión» (Mérimée 1989, cap. II).

Es también la figura personificada de la transgresión: roba, es contrabandista e incivilizada, le es infiel a su marido y a su amante, etc. Es apátrida y nada le ata: nunca podrá ser propiedad de don José.

El narrador erudito de los dos primeros capítulos se ve atraído por las ciencias ocultas y, tras conocer a Carmen, afirma que «le satisfac[e] saber hasta dónde [ha] llegado el arte de la magia entre los gitanos» (Mérimée 1989, cap. II). Además, esta mujer fatal aparece unas veces como hechicera, otras como demonio:

- el narrador erudito dice de ella ser una «hermosa hechicera», una «fámula del diablo» (Mérimée 1989, cap. II);
- Carmen afirma de ella misma: «Encontraste al diablo» (Mérimée 1989, cap. III), «te he dicho que yo te traería mala suerte» (Mérimée 1989, cap. II);
- don José dice que «esa mujer era un demonio» (Mérimée 1989, cap. III), etc.

En la novela de Mérimée, los gitanos se sitúan entre el mundo humano y el animal, y Carmen no es una excepción. En numerosas ocasiones se la compara con uno de ellos:

- tiene una mirada de lobo;
- cuando desea a un hombre, sus pupilas se dilatan como las de un gato;
- su cabello era como un «ala de cuervo» (Mérimée 1989, cap. II);

- en general, tiene impulsos animales, etc.

El amor entre don José y Carmen es devastador. Cuando se conocen, Carmen sostiene con descaro una flor de casia entre los labios, que le lanza como una «bala» (Mérimée 1989, cap. III) a la frente de don José. La flor simboliza la pasión fatal, el final trágico de ambos personajes: don José matará a Carmen y será condenado a muerte. La muerte es inevitable para la gitana, que cree en el destino y solo puede vivir si es libre: «Carmen será siempre libre. Nació *callí*, morirá *callí*» (*ib.*). En griego antiguo, *callí* significa «bello».

DON JOSÉ

José Lizarrabengoa, de apellido vasco, es un «joven gallardo, de estatura media, pero de aspecto robusto, y la mirada sombría y altanera» (Mérimée 1989, cap. I). Rubio de ojos azules, en el plano físico es lo opuesto a Carmen, aunque comparten una belleza común.

Este vasco desarraigado de aspecto salvaje está perdidamente enamorado de Carmen. Es su títere, y Carmen le lleva a la perdición. La gitana le engaña y se burla de él mientras los celos de don José aumentan y lo desbordan. Lo sacrifica todo por ella: su honor, sus valores, su carrera militar y su vida. De brigadista en el Regimiento de Dragones, a punto ser ascendido a sargento, se convierte en contrabandista y asesino.

La pasión entre don José y Carmen es destructiva, puesto que no se aman de la misma manera y no se satisfacen: él es posesivo y aspira a la estabilidad, mientras que ella es libre como un pájaro y no le quiere tanto como él a ella. El amor imposible entre ambos representa también el encuentro, o mejor dicho, la confrontación de dos culturas totalmente opuestas: don José viene de la nobleza navarra, mientras que Carmen es una gitana incivilizada.

En el capítulo III, don José se convierte en el narrador-personaje de un relato que tiene el valor de un adiós, de un testimonio y de una última confesión al narrador erudito. Este hecho queda simbolizado al final del capítulo II, cuando el bandolero le confía una medalla de plata al joven erudito, que tiene por misión llevarla a Navarra. En el capítulo III, don José contará toda su vida, desde su nacimiento hasta el día de su condena a muerte.

EL NARRADOR-PERSONAJE

El narrador-personaje de los dos primeros capítulos es un hombre erudito y un viajero empedernido. Con el fin de realizar una serie de investigaciones sobre la batalla de Munda, este francés apasionado por la arqueología viaja a España. No se le describe en ningún momento, ni física ni psicológicamente. Este narrador erudito es el alter ego de Mérimée, con el que nos encontramos en otras obras de ficción del autor, sobre todo en *La Venus de Ille*.

Instintivamente ve a don José como un pobre hombre, a pesar de su reputación de ladrón y asesino. Por eso le permite escapar de la policía en el primer capítulo, pasando por alto las advertencias de Antonio, el guía local que lo acompaña.

Carmen fascina y seduce al viajero, pero este logra escapar

de la muerte, al contrario que don José, de quien se vuelve el confidente en el capítulo III, cuando el bandido toma la palabra. Nótese que ambos personajes se turnan en la narración de los hechos.

CLAVES DE LECTURA

UNA ESTRUCTURA NARRATIVA COMPLEJA

En los dos primeros capítulos nos encontramos con un narrador-personaje que cuenta desde un punto de vista interno, y por tanto subjetivo, su encuentro con don José (Mérimée 1989, cap. I) y con Carmen (Mérimée 1989, cap. II). Se abren numerosos monólogos interiores, sobre todo cuando se cuestiona el acierto de su decisión: ¿debía ayudar a José Navarro a escapar de la policía teniendo en cuenta su condición de notorio bandolero? El narrador expresa así sentimientos contradictorios.

Al final del capítulo II, el narrador le anuncia al lector que se enteró por los «propios labios» de don José de las aventuras que se leerán a continuación. Y es don José, efectivamente, el que se convertirá en el narrador-personaje del tercer capítulo. Echando la vista atrás, le cuenta al narrador de los dos primeros capítulos, ahora su confidente, las aventuras que vivió hasta el momento de su condena a muerte. El capítulo III bien podría ser un relato por sí mismo, ya que constituye el corazón de la obra. Además, está formado por una introducción («He nacido [...]», Mérimée 1989, cap. III) y una conclusión («¡Pobrecilla! Los calé son culpables por haberla educado así», *ib*.).

El capítulo IV es una disertación sobre la cultura de los gitanos. Es como si el lector estuviera leyendo en una enciclopedia una descripción de la vida de estos.

LA ESPAÑA DEL SIGLO XIX

La obra de Mérimée ofrece a menudo al lector el descubrimiento de un más allá, de territorios casi desconocidos, podríamos decir inexplorados, además de exóticos para la época (Córcega, el mundo de los esclavos, Lituania, Rusia, etc.). Al escritor le atraen los ambientes pintorescos y, por ello, elige Andalucía como lugar idóneo para encuadrar la obra. En su descripción de la España del siglo XIX, Mérimée nos presenta una época en la que la civilización no es tal, en la que la autenticidad prima sobre lo artificial, en la que lo natural y el estado primitivo de las cosas se anteponen a todo lo demás.

El narrador-personaje de los dos primeros capítulos, de viaje por España, explora el país con la investigación como pretexto. El lector descubre, por lo tanto, las tierras españolas desde su punto de vista al principio del primer capítulo donde, por ejemplo, nos habla de lo extraordinario de la naturaleza, en contraste con la venta local en la que se hospeda, sucia y mísera.

Al comienzo del capítulo II, el narrador-personaje describe la vida de los habitantes de Córdoba: su ociosidad a orillas del Guadalquivir, las pieles morenas, el ángelus, las reuniones de mujeres en el río para bañarse, etc. El lector descubre, en otras palabras, a la comunidad gitana, personajes al margen de la sociedad, además de un país lleno de contrastes, en el que la generosidad y la hospitalidad se enfrentan a la violencia, la pasión fatal y la tragedia.

Mérimée apreciaba en gran medida España, país al que había viajado en varias ocasiones (*Cartas de España*, 1831-1832) y que le ha servido como marco geográfico para numerosas obras de ficción. Además de *Carmen*, podemos citar *El teatro de Clara Gazul* (1825) y *Las almas del purgatorio* (1834).

ENTRE LA FICCIÓN Y LA ERUDICIÓN

Carmen se presenta a menudo como una obra que mezcla novela y ensayo, que se encuentra a caballo entre la ficción y la erudición. Esto se debe, sobre todo, a las descripciones de la cultura, la civilización y la naturaleza españolas, que en muchas ocasiones llevan a que la novela se asemeje a un documental. De hecho, para escribir la obra, Mérimée llevó a cabo una exhaustiva documentación.

Ya desde las primeras páginas, el autor le ofrece al lector un gran despliegue de conocimientos geográficos (el lugar en el que se desarrolló la batalla de Munda) e históricos («¡Oh, César! ¡Oh, Sexto Pompeyo!», Mérimée 1989, cap. I). De hecho, el narrador-personaje es un hombre erudito, un ratón de biblioteca, un investigador.

A menudo, el narrador de Mérimée realiza comentarios sobre la cultura española:

- «En España, un cigarro ofrecido y aceptado establece relaciones de hospitalidad, como en Oriente compartir el pan y la sal (Mérimée 1989, cap. I)»;
- «[...] gazpacho, especie de ensalada de pimientos (*ib.*)»;
- «Tres platos tan picantes nos obligaron a recurrir frecuentemente a una bota de vino de Montilla que se juzgó delicioso» (*ib.*)»;

- «En España hay bandurrias por todas partes» y «me gusta con pasión su música nacional» (*ib.*), etc.

Por otra parte, y sirviéndose de notas al pie para esclarecerlos, Mérimée recurre a términos de la lengua de los gitanos y del vascuence. En su versión original en francés, el escritor introduce, además, numerosos hispanismos.

A modo de conclusión, cabe destacar que el capítulo IV se asemeja al inicio del capítulo I: se trata, en términos generales, de un ensayo sobre la vida de los gitanos. El objetivo del mismo es teórico a la par que didáctico.

UN ESTILO FRÍO PARA UNA HISTORIA TRÁGICA

El estilo de Mérimée es extremadamente sobrio y frío, en contraste con la historia trágica de la destrucción, la caída inexorable y la pasión destructiva («Quieres matarme, lo veo [...]; está escrito, pero no me harás ceder», le dice Carmen a don José, Mérimée 1989, cap. III). Lo trágico de la historia se anuncia ya antes del comienzo de la obra. De hecho, una cita en griego de Páladas (poeta griego, siglos IV-V) sirve de epígrafe y presenta un carácter profético: «Toda mujer es hiel. Pero tiene dos momentos buenos: uno en el tálamo; el otro, al morir». A Mérimée le gustan las historias de crímenes y casi todas sus novelas son trágicas.

El escritor e historiador presenta los hechos de una manera ruda y brutal, evitando siempre llegar al patetismo. No hay hueco para la ternura, ni tan siquiera cuando don José, seguro de sí mismo, asesina a Carmen. En ese momento, la línea que separa el bien del mal desaparece. Además, cuando Carmen muere al final del capítulo III, Mérimée añade otro capítulo más, que se impregna de erudición. Se trata de un discurso científico frío, y no de una narración de ficción, evitando así caer en el patetismo.

PISTAS PARA LA REFLEXIÓN

ALGUNAS PREGUNTAS PARA PROFUNDIZAR EN SU REFLEXIÓN...

- «Toda mujer es hiel. Pero tiene dos momentos buenos: uno en el tálamo; el otro, al morir». ¿Por qué podemos afirmar que el epígrafe elegido por Mérimée, un epigrama del filósofo griego Páladas, es de cierta forma premonitorio en la novela?
- Sainte-Beuve (escritor y crítico literario francés, 1804-1869) criticó la sequedad del estilo de Mérimée en *Mis peces* (1845) afirmando que había leído su obra y que era buena, pero que pecaba de dureza, sequedad y falta de desarrollo. Reflexione sobre la opinión de Sainte-Beuve y exponga su punto de vista.
- Desde su punto de vista, ¿a qué género pertenece Mérimée: al realismo o al romanticismo? Justifique su decisión basándose en la novela.
- A Mérimée le apasionaba la mitología, ya fuera griega, latina o literaria. Explique de qué forma se ha convertido el personaje de Carmen en un mito en sí mismo.
- La ópera de Bizet (1875), en la que Maria Callas (soprano griega, 1923-1977) interpreta el papel de Carmen en 1964, ha superado a la novela de Mérimée en cuanto a renombre. Compare la obra original con la adaptación.
- Comente la célebre cita de *Carmen*: «Carmen será siempre libre. Nació *callí*, morirá *callí*» (Mérimée 1989, cap. III).
- Amante de la literatura rusa, es probable que Mérimée se inspirase para escribir *Carmen* (1845) en la obra *Los bohemios* (1823-1824) de Aleksandr Pushkin (escritor

ruso, 1799-1837), puesto que fue su traductor. Explique el porqué de esta posibilidad.

- Estudie la estructura narrativa y el orden en el que se narran los acontecimientos. Explique de qué manera esto contribuye a la intriga de la novela.
- ¿Qué puntos en común y qué diferencias podemos establecer entre Esmeralda, la heroína de Victor Hugo en *Nuestra Señora de París*, y Carmen? Explíquelo ayudándose de ejemplos.
- ¿De qué manera pueden considerarse las aventuras de don José un viaje iniciático, y una historia de destrucción?

PARA IR MÁS ALLÁ

EDICIÓN DE REFERENCIA

- Mérimée, Prosper. 1989. *Carmen*. Traducido por Luis López Jiménez y Luis-Eduardo López Esteve. Madrid: Ediciones Cátedra.

ADAPTACIONES

Carmen ha sido adaptada en numerosas ocasiones. Algunas de sus adaptaciones más conocidas son:

- *Carmen*. Ópera de Georges de Bizet, libreto de Henri Meilhac y Ludovic Halévy. Francia, 1875.
- *Parodia de Carmen*. Dirigida por Charles Chaplin, con Charles Chaplin y Edna Purviance. Estados Unidos, 1915.
- *Carmen*. Dirigida por Cecil B. DeMille, con Wallace Reid y Geraldine Farrar. Estados Unidos, 1915.
- *Carmen*. Dirigida por Christian-Jaque, con Jean Marais y Viviane Romance. Francia, Italia, 1945.
- *Los amores de Carmen*. Dirigida por Charles Vidor, con Glenn Ford y Rita Hayworth, Estados Unidos, 1948.
- *Carmen, pasión y muerte*. Dirigida por Jean-Luc Godard, con Jacques Bonnafé y Maruschka Detmers. Francia, 1983.